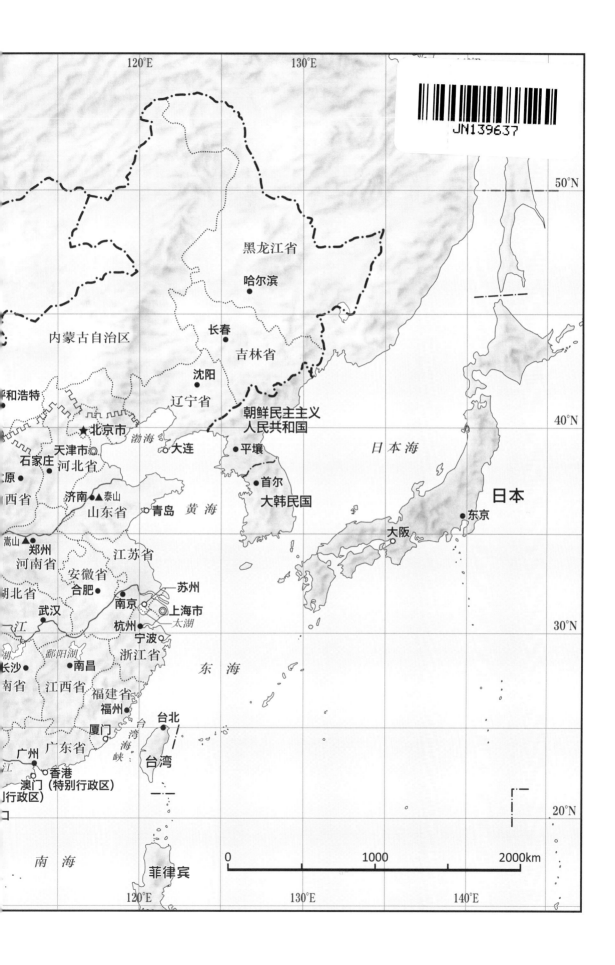

新訂・シンプルに中国語

荒川清秀
張筱平
上野由紀子

同学社

―― 音声について ――

▶⓪⓪ がついている箇所には，ネイティブスピーカーによる録音があります。
同学社のホームページよりダウンロードできます。

http://www.dogakusha.co.jp/07811_onsei.html

本文イラスト：ありよしきなこ
表紙：アップルボックス

はじめに

　わたしはこれまで、一人で、あるいは同僚たちの協力を得てすでに十何種類かのテキストを編んできました。テキストを編んでいつも反省するのは、わたしの性格を反映してか、全体の分量が多いということでした。これもあれもと欲張って、たくさん詰め込んでしまうのです。ただ、近年は時間数においても、また学生の学力においても以前ほど分量の多いテキストでは、授業が円滑にいかないことを感じていました。そんな折、十何年ぶりかでNHKのラジオ講座を担当することになり、一般向けのテキストをつくったことで、これまでとは違った、もう少しスリムに中国語のポイントを学べるようなテキストをつくろうという気になりました。さいわい、2年前に今回と同じ張、上野とつくりかけて中断していた原稿がありました。そこで、再び二人に呼びかけ、何度か集まってつくりあげたのがこのテキストです。

　今回とった方針は以下のようなものです。
1）これまでのように学生だけをターゲットにせず、一般社会人も使えることを考える。
2）これまでの全体を通したスキット方式をやめ、各課に4行から5行の基本会話をおく。
3）ポイントは各課ほぼ三つにし、文法事項を精選する。
4）いろんな種類の練習問題をたくさんつける。
5）以上の発展として、応用会話をつける。ここで、基本会話に出せなかった文法事項をいくつか入れる。

　文法事項をいかにしぼるかは一番頭を痛めた点です。二つの"了"、"过""在～呢""是～的"構文は入れましたが、"着"は省きました。補語は欠かせないので、状態補語、結果補語、単純補語、方向補語、可能補語はすべていれてあります。また、"把"構文と受け身は省きましたが、比較文は残し、使役は応用会話で出しています。

　本テキストの使い方として、まず基本会話は暗唱してください。その上でポイントをやり、練習問題にすすんでください。応用会話は、一部新しい文法事項が出てきますが、ポイント、練習問題をやれば、そのままスムーズにやれると思います。

　　2008年秋

本書は「シンプルに」ということを目指してつくりましたが、使う中でまだまだシンプルさが足りないことを痛感し、本文、例文等をより精選し、一部の語句を訂正しました。
　2015年秋　　　　　　　　　　　　　　　　　　　　　　　　　　　編者

目　次

発　音

第 1 課　**你好！** 2
　　　　人称代名詞／形容詞が述語にくる文

第 2 課　**这是什么？** 6
　　　　指示代名詞／"的"／"是"

第 3 課　**请喝茶** 10
　　　　動詞の重ね／"太～了"／動詞＋目的語

第 4 課　**十五块** 14
　　　　数の言い方／お金の言い方／数詞・指示代名詞＋量詞＋名詞／"给"

第 5 課　**明天我有课** 18
　　　　時間詞／所有・所属の"有"／存在を表す"在"

第 6 課　**在这儿吃** 22
　　　　前置詞の"在"／選択疑問文　～"还是"／動詞＋"一下"

第 7 課　**买什么了？** 26
　　　　完了・実現の"了$_1$"と変化の"了$_2$"／ものと容器／和 hé

第 8 課　**去前门怎么走？** 30
　　　　方位詞／存在を表す"有"／"离"と"从"

第 9 課　**他昨天回来得很晚** 34
　　　　結果補語／状態補語／前置詞の"给"

第 10 課　**你听得懂吗？** 38
　　　　動作の時間／動作と時間の関係／可能の表現

第 11 課　**你会开车吗？** 42
　　　　習得を表す"会"／経験を表す"过"／"因为"

第 12 課　**你要是不怕冷，就去哈尔滨吧** 46
　　　　"可以"／"要是～（就）"／"比"

第 13 課　**你是什么时候丢的？** 50
　　　　"是～的"構文／進行の表現"（在）～呢"／単純方向補語

発　音

■ 音節表を見てみよう ■

ヨコ―韻母（母音　鼻母音）
タテ―声母（子音）21種――7種はすぐ読める

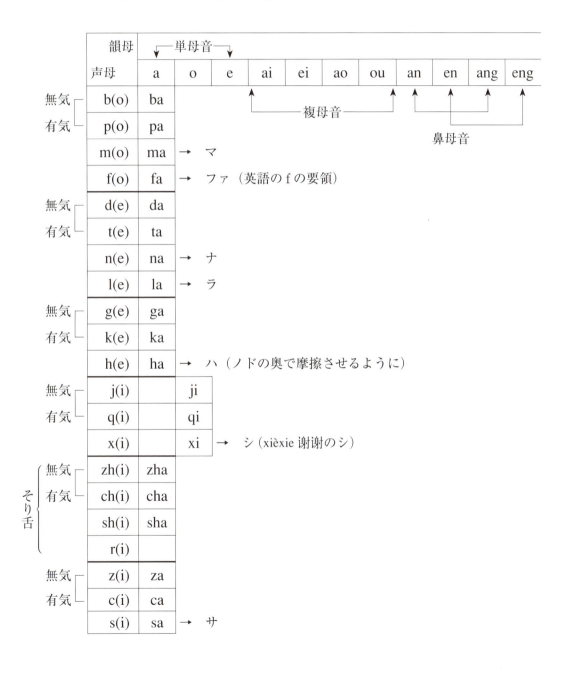

① 1　声調（四声）

mā	má	mǎ	mà
（妈）	（麻）	（马）	（骂）

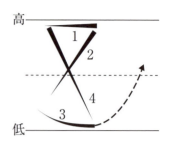

第一声	高く平らに	mā	（妈）	お母さん
第二声	ふつうの高さからキュッと上げる	má	（麻）	麻糸の麻、しびれる
第三声	低く平らに	mǎ	（马）	馬
第四声	少し高めから一気に落とす	mà	（骂）	罵る
軽声	軽く短く	ma	（吗）	〜か：疑問を表す

② 【練習1】声調をつけて読んでみましょう。
　1）mā　2）mà　3）mǎ　4）mà　5）má

③ 【練習2】次の中国語を読んで意味を考えてみましょう。

　1）mā mà mǎ　2）mǎ mà mā　3）māma mà mǎ, mǎ mà mā

④ 2　単母音

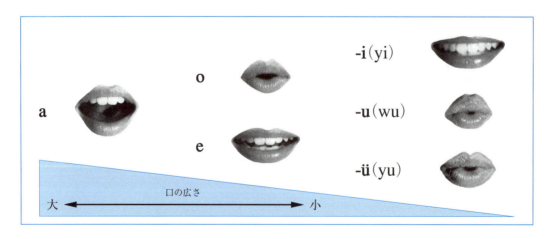

▶⑤【練習3】次の語を読んでみましょう。
　　1）yī［一］　2）yú［鱼］　3）wǔ［五］　4）è［饿］

▶⑥【練習4】他の子音と結びついた語を読んでみましょう。
　　1）lā［拉］　2）ná［拿］　3）nǐ［你］　4）là［辣］

▶⑦ 3　複母音（1）

ai	ao	ou	ei	ia	ie	iao	iou
				(ya)	(ye)	(yao)	(you)
				ua	uo	uai	uei
				(wa)	(wo)	(wai)	(wei)
					üe(yue)		

▶⑧【練習5】次の語を読んでみましょう。
　　māo［猫］　lái［来］　yǒu［有］　lèi［累］
　　yá［牙］　wǒ［我］　yuè［月］　yào［要］

■　前に子音が来ないときのつづり　■

単独では、　i→yi　u→wu　ü→yu
複母音では、iはyだけ　　　　　ia→ya
　　　　　　uはwだけ、　　　　uo→wo
　　　　　　üはいつもyuのまま。üe→yue

声調符号の位置
aがあったらaの上に。
aがなければoかeをさがし、
iとuが並べば後ろにつける。

⑨【練習6】我 Wǒ と動詞を組み合わせて言い、それに答えましょう。

你 Nǐ | 喝 hē / 来 lái / 买 mǎi / 要 yào | 吗? ma?

★　第3声＋第3声　→　第2声＋第3声　　nǐ + mǎi → ní + mǎi
　　第3声が続くと、前の第3声は第2声に変化します。

4　子音

⑩

位置＼方法	無気音	有気音	鼻音	摩擦音	
唇音	b (o)	p (o)	m (o)	f (o)	
舌尖音	d (e)	t (e)	n (e)		l (e)
舌根音	g (e)	k (e)		h (e)	
舌面音	j (i)	q (i)		x (i)	
そり舌音	zh (i)	ch (i)		sh (i)	r (i)
舌歯音	z (i)	c (i)		s (i)	

5　無気音・有気音

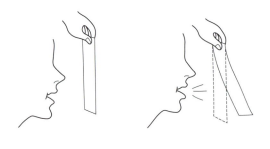

⑪　　b　a　　　　p（息）a

⑫【練習7】次の語を読んでみましょう。
　　1) bā［八］　2) bà［爸］　3) pà［怕］

⑬ | da　　ta　　　　ge　　ke |

⑭【練習8】次の語を読んでみましょう。
　　1）dà［大］　　　 2）tā［他，她，它］
　　3）gē［哥］　　　 4）kè［课］

⑮ | ji　　qi |

⑯【練習9】次の語を読んでみましょう。
　　1）jī［机，鸡］　2）qī［七］　3）jǐ［几］　4）qǐ［起］

■ üのつづりと発音 ■

j　q　xが結びつく母音はiから始まるものとüからはじまるものだけです。
üからはじまるものと結びつくときは、uの上の点を取ります。

	u	ü	üe
n	nu	nü	nüe
l	lu	lü	lüe
j	/	jü → ju	jüe → jue
q	/	qü → qu	qüe → que
x	/	xü → xu	xüe → xue

⑰【練習10】次の語を読んでみましょう。
　　1）nǚ［女］　2）lǜ［绿］　3）qù［去］　4）xué［学］

(5)

⑱
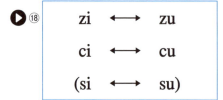

```
zi  ⟷  zu
ci  ⟷  cu
(si ⟷  su)
```

⑲【練習11】次の語を読んでみましょう。
1）zì［字］　2）cí［词］　3）sì［四］

"词典" cídiǎn と "字典" zìdiǎn

6　摩擦音

⑳
```
fa   he   xi   si
```

7　そり舌音

㉑
```
zhi   chi   shi   ri
```

zhi

㉒【練習12】次の語を読んでみましょう。
1）Rìyǔ［日语］　2）shì［是］　shí［十］　3）zhīdao［知道］　4）chī［吃］

㉓
```
zhe   che   she   re
```

zhi → e → zhe
chi → e → che
shi → e → she
ri → e → re

㉔【練習13】次の語を読んでみましょう。
1）zhè［这］　2）chē［车］　3）shé［蛇］　4）rè［热］　5）shéi［谁］

(6)

㉕【練習14】 絵を見ながら言ってみましょう。
　Zhè shì shéi?　这是谁？

　Zhè shì wǒ 〜　这是我〜

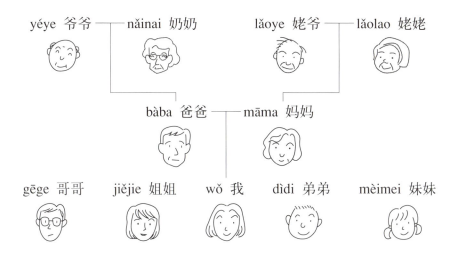

8　そり舌母音

㉖

㉗【練習15】
　1) ér［儿］→ érzi［儿子］　nǚ'ér［女儿］　　2) èr［二］

㉘ 9　複母音（2）

　yōu　yóu　yǒu　yòu　　　wēi　wéi　wěi　wèi
　jiū　jiú　jiǔ　jiù　　　huī　huí　huǐ　huì
　↓　　　　　　　　　　　　↓
　oが落ちる　　　　　　　　eが落ちる

　　第1声・第2声　oやeのひびきが小さい
　　第3声・第4声　oやeのひびきが大きい。とりわけ第3声では大きくなります。

㉙【練習 16】iou　uei を含む、次の語を読んでみましょう。
1）jiǔ ［九／酒］　2）liù ［六］　3）duì ［对］　4）guì ［贵］
5）huì ［会］　　　6）suì ［岁］　7）shuǐ ［水］

10　鼻母音

㉚

an － ang

an	**ang**	bān	［搬］	bāng	［帮］
in（yin）	**ing**（ying）	xìn	［信］	xìng	［姓］
uan（wan）	**uang**（wang）	huán	［还］	huáng	［黄］
ian（yan）	**iang**（yang）	jiàn	［见］	jiàng	［酱］
en	**eng**	mèn	［闷］	mèng	［梦］
uen（wen）	**ueng**（weng）	wèn	［问］		
（子音 -un）		kùn	［困］	jiéhūn	［结婚］
	ong	dǒng	［懂］		
ün（yun）	**iong**（yong）	hǎoyùn qúnzi	［好运］ ［裙子］	xióngmāo	［熊猫］
üan（yuan）		yuǎn tàijíquán	［远］ ［太极拳］		

(8)

㉛【練習17】鼻母音を含む、つぎの語を読んでみましょう。

1）mǎidān　［买单］　　2）xǐhuan　［喜欢］　　3）piányi　［便宜］
4）péngyou　［朋友］　　5）Zhōngguó　［中国］　6）Rìběn　［日本］

㉜【練習18】指も使いながら数字を10まで言えるようにしましょう。

yī［一］　èr［二］　sān［三］　sì［四］　wǔ［五］

liù［六］　qī［七］　bā［八］　jiǔ［九］　shí［十］

――［十］を表す手の形――

［十］にはさらに2通りの表し方があります。

✏ 简体字コーナー

马　⇨　フ　马　马

车　⇨　一　ナ　さ　车

〈付　　録〉

▶㉝ 1　声調の組み合わせ表

1 + 1 今天 jīntiān	1 + 2 欢迎 huānyíng	1 + 3 机场 jīchǎng	1 + 4 高兴 gāoxìng	1 + 軽 妈妈 māma
2 + 1 昨天 zuótiān	2 + 2 邮局 yóujú	2 + 3 词典 cídiǎn	2 + 4 学校 xuéxiào	2 + 軽 爷爷 yéye
3 + 1 老师 lǎoshī	3 + 2 旅游 lǚyóu	3 + 3 水果 shuǐguǒ	3 + 4 可乐 kělè	3 + 軽 奶奶 nǎinai
4 + 1 面包 miànbāo	4 + 2 大学 dàxué	4 + 3 下雨 xiàyǔ	4 + 4 现在 xiànzài	4 + 軽 爸爸 bàba

▶㉞ 2　"一"と"不"の変調

"一 yī"の変調

■　順序を強調するとき

1）yī yuè 一月　2）yī hào 一号

■　"一 yī" + 第1～3声　→第4声に"yì"

3）yìbān 一般　4）yìzhí 一直　5）yìqǐ 一起

■　"一 yī" + 第4声　→第2声に"yí"

6）yídìng 一定　7）yí ge（yí gè）一个

"不 bù"の変調

■　"不 bù" + ー 第1声　　　⎫
　　　　　　　／ 第2声　　　⎬→"不 bù"のまま
　　　　　　　∨ 第3声　　　⎭

■　"不 bù" + ＼ 第4声　→第2声に"不 bú"

㉟【練習 19】否定詞の"不 bù"を使って言ってみましょう。

1）Bù hē. 不喝。 2）Bù lái. 不来。 3）Bù mǎi. 不买。 4）Bú qù. 不去。
5）Bú yào. 不要。 6）Bú shì. 不是。 7）Bú huì. 不会。 8）Bú duì. 不对。
9）Bú guì. 不贵。 10）Méi yǒu. 没有。

㊱ 3　er（アール）化

■　語末が -a -o -e -u で終わるもの

1）-a　huār［花儿］　nàr［那儿］　nǎr［哪儿］　gēr［歌儿］　zhèr［这儿］

■　複母音の最後が -i、鼻母音の -n で終わるもの　i や n をとってまく。

2）wèir［味儿］→ wèr　xiǎoháir［小孩儿］xiǎohár

　　wánr［玩儿］→ wár　yìdiǎnr［一点儿］yìdiǎr

■　そり舌音では、-i をとって er をつける。

3）shìr［事儿］→ shèr

■　-ng で終わるもの

4）kòngr［空儿］　diànyǐngr［电影儿］

4　e の発音

e　子音 + e　eng	〔ɣ〕　エの口でオ
en　er 軽声の e de（的）　le（了）　ne（呢）　me（么）	あいまいなエ 〔ə〕
ie　üe　ei	〔ɛ、e〕　エ

本　文

品詞の略称について

動	動詞	助動	助動詞	前	前置詞	名	名詞
数	数詞	形	形容詞	量	量詞		
人	人称代名詞	指	指示代名詞	疑	疑問代名詞		
副	副詞	助	助詞	感	感嘆詞	接	接続詞	接辞	接尾辞、接中辞

第 1 課

你好！

■ 基本会話 ■

（日＝田中恵、中＝李毅）

日：Nǐ hǎo! Nǐ jiào shénme míngzi?
你 好！ 你 叫 什么 名字？

中：Nǐ hǎo! Wǒ jiào Lǐ Yì. Huānyíng, huānyíng.
你 好！ 我 叫 李 毅。 欢迎， 欢迎。

日：Rènshi nǐ, hěn gāoxìng.
认识 你， 很 高兴。

中：Wǒ yě hěn gāoxìng.
我 也 很 高兴。

新出単語（生词 shēngcí）

你 nǐ 代 あなた；君	欢迎 huānyíng 動 歓迎する；ようこそ
好 hǎo 形 よい；元気だ	认识 rènshi 動 見知っている；ここでは見知ること
叫 jiào 動 〜という名前だ	
什么 shénme 疑 なに；なんの	很 hěn 副 とても
名字 míngzi 名 名前	高兴 gāoxìng 形 うれしい
我 wǒ 代 わたし	也 yě 副 〜も

2

⑨ ☆ ポイント（重点 zhòngdiǎn）

1 人称代名詞

我 wǒ	你 nǐ 您 nín	他／她 tā
我们 wǒmen 咱们 zánmen	你们 nǐmen	他们／她们 tāmen

2 形容詞が述語にくる文　　否定　不 bù ～

（1）我很忙。Wǒ hěn máng.

　　我不忙。Wǒ bù máng.

　　我不太忙。Wǒ bútài máng.

　　你忙吗？ Nǐ máng ma?　　（"吗"をつけて疑問文）

　　你忙不忙？ Nǐ máng bu máng?（肯定＋否定形で疑問文）

（2）你们累吗？ Nǐmen lèi ma?

　　－奶奶累，我不累。Nǎinai lèi, wǒ bú lèi.

（3）汉语难吗？ Hànyǔ nán ma?

　　－发音很难。Fāyīn hěn nán.

■ **練 習** ■（练习 liànxí）

1. 言ってみましょう。

你叫什么名字？ Nǐ jiào shénme míngzi?

我姓 Wǒ xìng（　　　　　），叫 jiào（　　　　　　）。

我叫～。Wǒ jiào ～.

◆ "姓"の説明

我姓田中，田地的田，中国的中。
Wǒ xìng Tiánzhōng, tiándì de tián, Zhōngguó de zhōng.
de（的 〜の〜）

2. 次のピンインを漢字（簡体字）に直し、日本語に訳しなさい。

（1）Huānyíng nǐ lái Běijǐng（北京）.

_____

_____

（2）Rènshi nǐ, wǒ hěn gāoxìng.

_____

_____

（3）Nǐmen hěn máng ma?

_____

_____

（4）Tā máng, wǒ bútài máng.

_____

_____

（5）Tā jiào shénme míngzi?

_____

_____

㊵ 応用会話

（日＝田中恵、中＝劉清宇）

日：Nǐ hǎo! Nǐ jiào shénme míngzi?
你 好！ 你 叫 什么 名字？

中：Wǒ xìng Liú, jiào Liú Qīngyǔ.
我 姓 刘， 叫 刘 清宇。

日：Jiàndao nǐ, hěn gāoxìng.
见到 你， 很 高兴。

【见到】会える

中：Wǒ yě hěn gāoxìng.
我 也 很 高兴。

日：Yǐhòu qǐng duō guānzhào.
以后 请 多 关照。

【以后请多关照】今後どうぞよろしくお願いします。

中：Bié kèqi.
别 客气。

【别客气】遠慮しないで；どういたしまして。"别"は禁止の副詞。

✏ 简体字コーナー

你 ⇒ ノ 亻 亻 亻 你 你

认 ⇒ 丶 讠 认 认

兴 ⇒ 丶 丷 ⺍ 兴 兴 兴

叫 [叫]   惠 [恵]   欢 [歡]   识 [識]

第 2 課

这是什么？

■ 基本会話 ■

日：Wǒ de fángjiān duōshao hào?
我 的 房间 多少 号？

中：Liù líng yāo, shì dānrénjiān.
6 0 1，是 单人间。

日：Xièxie, zhè shì shénme?
谢谢，这 是 什么？

中：Zhè shì Nín de fángkǎ.
这 是 您 的 房卡。

新出単語（生词 shēngcí）

的 de 助 〜の（〜）	是 shì 動 〜は〜である
房间 fángjiān 名 部屋	单人间 dānrénjiān 名 シングルルーム
多少 duōshao 疑 いくら（の）	双人间 shuāngrénjiān 名 ツインルーム
号 hào 名 号	谢谢 xièxie 礼を言う；ありがとう
0 líng（零）数 0	这 zhè 指 これ；それ
1 yāo（幺）数 1；部屋番号や電話番号を言う時	房卡 fángkǎ 名 ルームキー

㊸ ☆ ポイント（重点 zhòngdiǎn）

1 指示代名詞

これ	それ	あれ	どれ
这 zhè	那 nà		哪 nǎ
这个 zhège (zhèige)	那个 nàge (nèige)		哪个 nǎge (něige)

◆ 这／那 ＋ 是～

◆ "这个"以下は単独、目的語、名詞修飾語、形容詞述語文の主語として使える。

2 "的" de ～の（～）

（1）这是你的手机吗？ Zhè shì nǐ de shǒujī ma?

　　　是我的。Shì wǒ de.

（2）这是谁的自行车？ Zhè shì shéi de zìxíngchē?

　　　是张老师的。Shì Zhāng lǎoshī de.

3 "是" shì ～は～だ　　否定 不是 bú shì

（1）你是哪个学校的？ Nǐ shì něige xuéxiào de?

　　　我是～ Wǒ shì ~

（2）你是哪国人？ Nǐ shì něi guó rén?

　　　我是日本人。Wǒ shì Rìběnrén.

■ 練 習 ■（练习 liànxí）

1 次の〜に以下の語をいれて言い、それに答えてください。

"这是你的〜吗?" Zhè shì nǐ de 〜 ma?

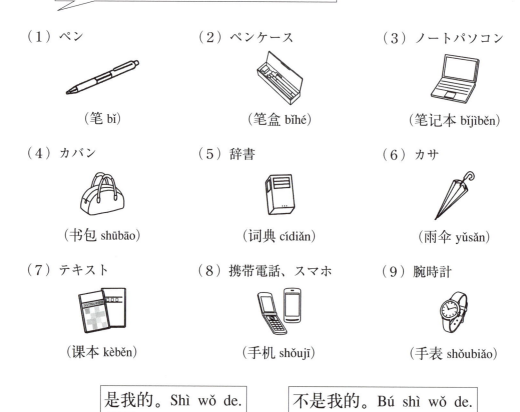

（1）ペン　　　　　（2）ペンケース　　　（3）ノートパソコン

（笔 bǐ）　　　　　（笔盒 bǐhé）　　　　（笔记本 bǐjìběn）

（4）カバン　　　　（5）辞書　　　　　　（6）カサ

（书包 shūbāo）　　（词典 cídiǎn）　　　（雨伞 yǔsǎn）

（7）テキスト　　　（8）携帯電話、スマホ　（9）腕時計

（课本 kèběn）　　　（手机 shǒujī）　　　（手表 shǒubiǎo）

是我的。Shì wǒ de.　　不是我的。Bú shì wǒ de.

2 次の日本語を中国語で言ってみましょう。

（1）これもあなたのですか（也 yě）。

（2）これはわたしのではありません、かれのです。

（3）これは誰のカメラですか（谁 shéi　相机 xiàngjī）。

（4）彼女の部屋は何号ですか。

▶ ㊹ ## 応用会話

Zhè shì nín de xiāngzi ma?
中：这 是 您 的 箱子 吗？

Bù, nà bú shì wǒ de.
日：不，那 不 是 我 的。

Něige shì nín de?
中：哪个 是 您 的？

Nèige. Lánsè de.
日：那个。 蓝色 的。

Zhèige tíbāo ne?
中：这个 提包 呢？

Tíbāo yě shì wǒ de.
日：提包 也 是 我 的。

【箱子】（大きな）箱；トランク
→盒子 hézi（小さな）箱

【蓝色】ブルー

【提包】手提げカバン
【呢】～は？；前を受けての疑問を表す

簡体字コーナー

间 ⇨ ` 门 门 门 间 间 间

这 ⇨ ` 亠 ナ 文 文 这

机［機］ 包［包］

第 3 課

请喝茶

■ 基本会話 ■

（日＝田中惠、中＝王江平）

日：　A,　Wáng Jiāngpíng, qǐngjìn, qǐngzuò, qǐng hē chá.
　　　啊，王　江平，　请进，　请坐，　请　喝　茶。

中：　Xièxie!　Nǐ tài kèqi le.
　　　谢谢！　你　太　客气　了。

日：　Zhè shì Rìběn de diǎnxin, nǐ chángchang.
　　　这　是　日本　的　点心，你　尝尝。

中：　Ng, zhēn hǎochī, chá yě hěn hǎohē.
　　　嗯，真　好吃，茶　也　很　好喝。

新出単語（生词 shēngcí）

啊 a 感 軽い驚き；感嘆を表す	客气 kèqi 形 丁寧である；遠慮深い
请 qǐng 動 どうぞ（〜してください）	日本 Rìběn 名 日本
请进 qǐngjìn どうぞお入りください	点心 diǎnxin 名 お菓子
请坐 qǐngzuò どうぞお座りください	尝 cháng 動 味見をする
喝茶 hē chá お茶を飲む	真 zhēn 副 本当に；とっても
太〜了 tài〜le 副助 とても〜だ；あまりに〜しすぎる	好吃 hǎochī 形 （食べて）おいしい
	好喝 hǎohē 形 （飲んで）おいしい

㊼ ☆ **ポイント**（重点 zhòngdiǎn）

1. **動詞の重ね** （ちょっと）～してみる

（1）我试试。Wǒ shìshi.

（2）我想想。Wǒ xiǎngxiang.

（3）咱们聊聊。Zánmen liáoliao.

（4）我们商量商量。Wǒmen shāngliangshangliang.

2. **"太～了"** tài ~ le　とても～だ：とても～すぎる

（1）太好了。Tài hǎo le.

（2）太可惜了。Tài kěxī le.

（3）太大了。Tài dà le.

（4）太辣了。Tài là le.

3. **動詞＋目的語**

（1）看电视 kàn diànshì　　（2）听音乐 tīng yīnyuè　　（3）学汉语 xué Hànyǔ

（4）说话 shuōhuà　　（5）买东西 mǎi dōngxi　　（6）洗衣服 xǐ yīfu

（7）做饭 zuòfàn　　（8）回家 huíjiā　　（9）去中国 qù Zhōngguó

■ 練 習 ■（练习 liànxí）

1　日本語を参考に、"真～" zhēn～の～に以下の語を入れて言ってみましょう。

（1）とっても暑い。（热 rè）

（2）とっても気持ちいい。（舒服 shūfu）

（3）とってもかわいい。（可爱 kě'ài）

（4）とっても面白い。（有意思 yǒuyìsi）

（5）とってもきれいだ。（好看 hǎokàn／漂亮 piàoliang）

2　動詞と名詞を組み合わせて言ってみましょう。

┌─── 動詞 ───┐　┌─── 名詞 ───┐
│ 看 kàn　　　│　│ 水　shuǐ　（水、湯）│
│ 学 xué　　　│　│ 衣服 yīfu　　（服）　│
│ 吃 chī　　　│　│ 电影 diànyǐng（映画）│
│ 喝 hē　　　│　│ 日语 Rìyǔ　（日本語）│
│ 买 mǎi　　　│　│ 水果 shuǐguǒ（果物）│
└──────┘　└──────┘

3　次の日本語を中国語に訳してみましょう。

（1）これはなんですか。

（2）本当ににぎやかだ（热闹 rènao）。

（3）どうぞパオツ（包子 bāozi）をめしあがってみてください。

（4）これ（这个 zhèige）はおいしいが、あれ（那个 nèige）はおいしくない。

12

応用会話

中： Lái, hē chá ba.
　　来，喝 茶 吧。

日： Zhè shì shénme chá?
　　这 是 什么 茶？

中： Zhè shì huāchá. Nǐ xǐhuan ma?
　　这 是 花茶。你 喜欢 吗？

日： Tèbié xǐhuan. Nà shì shénme huār?
　　特别 喜欢。那 是 什么 花儿？

中： Mòlihuā.
　　茉莉花。

日： Zhēn xiāng a.
　　真 香 啊。

【来】さあ
【吧】～したら；勧め；相談を表わす
　　→4課

【花茶】ジャスミン茶
【喜欢】好きだ；気に入る

【特别】とりわけ
【花儿】花

【茉莉花】ジャスミンの花

【香】においがよい
【啊】さまざまの語気を表わす。ここは感嘆

简体字コーナー

喝 ⇨ 丨 冂 曰 口 吅 吅 吅 吗 喝 喝 喝 喝

谢 ⇨ 丶 讠 讠 讠 讠 讠 讠 讠 谢 谢 谢

乐 ⇨ 一 匚 乍 乐 乐

东 ⇨ 一 仁 车 东 东

进［進］　真［眞］　尝［嘗］　花［花］

第 4 課

十五块

■ 基本会話 ■

（日＝田中恵、中＝店員）

日：
Zhèige duōshao qián yí ge?
这个 多少 钱 一 个？

中：
Shíwǔ kuài.
十五 块。

日：
Tài guì le, piányi diǎnr ba.
太 贵 了，便宜 点儿 吧。

中：
Nà, èrshiwǔ kuài liǎng ge, zěnmeyàng?
那，二十五 块 两 个，怎么样？

日：
Xíng. Gěi nǐ qián.
行。 给 你 钱。

新出単語（生词 shēngcí）

个 ge 量 個；人；(助数詞)	吧 ba 助 勧め、相談を表す
多少钱 duōshao qián 疑 いくら	那 nà 接 それでは；では
钱 qián 名 お金	两 liǎng 数 （量としての）2
块 kuài 名 元；中国の貨幣の単位	怎么样 zěnmeyàng 疑 どうですか
贵 guì 形 （値段が）高い	行 xíng 形 いい；かまわない
便宜 piányi 形 （値段が）安い	给 gěi 動 与える；くれる；わたす
(一)点儿 (yì)diǎnr 量 少し	

⑤ ☆ ポイント（重点 zhòngdiǎn）

1 数の言い方

一	二	三	四	五	六	七	八	九	十	十一	二十四	九十九
yī	èr	sān	sì	wǔ	liù	qī	bā	jiǔ	shí	shíyī	èrshisì	jiǔshijiǔ

100	一百 yìbǎi	110	一百一（十） yìbǎi yī(shí)
1000	一千 yìqiān	101	一百零一 yìbǎi líng yī
10000	一万 yíwàn	111	一百一十一 yìbǎi yīshiyī
200	二百 èrbǎi	1100	一千一（百） yìqiān yī / yìqiān yìbǎi
	两百 liǎngbǎi	1001	一千零一 yìqiān líng yī
2000	两千 liǎngqiān	1010	一千零一十 yìqiān líng yīshí
20000	两万 liǎngwàn		

2 お金の言い方

1.00	一块（钱）yí kuài (qián)	1.10	一块一（毛） yí kuài yī / yī (máo)
	＜元 yuán　圆 yuán＞	2.20	两块两毛（两块二）liǎng kuài liǎng máo
0.10	一毛（钱）yì máo (qián)		(liǎng kuài èr)
2.00	两块（钱）liǎng kuài (qián)		
0.20	两毛（钱）liǎng máo (qián)		

3 数詞／指示代名詞＋量詞＋名詞

一本书 yì běn shū　　两个人 liǎng ge rén

这本书 zhè běn shū　　那个人 nàge rén
　(zhèi běn shū)　　　　(nèige rén)

4 "给" gěi　あげる：くれる

给我一双筷子。Gěi wǒ yì shuāng kuàizi.
　　一个杯子　　　　yí ge bēizi
　　一个碟子　　　　yí ge diézi

■ 練 習 ■（练习 liànxí）

1　次の数字を中国語で言ってみましょう。
（1）49　（2）78　（3）110　（4）205　（5）694　（6）888　（7）2200　（8）7050

2　次のお金を問答の形式で言ってみましょう。

> 这个多少钱？ Zhèige duōshao qián?　　～块 kuài ～毛 máo ～

（1）大白菜 dàbáicài（白菜）

0.45/斤 jīn

（2）茄子 qiézi（なす）　　（3）黄瓜 huánggua（きゅうり）　　（4）胡萝卜 húluóbo（にんじん）

0.85/斤　　1.60/斤　　1.68/斤

（5）苹果 píngguǒ（りんご）　　（6）香蕉 xiāngjiāo（バナナ）　　（7）花生 huāshēng（落花生）

3.95/斤　　3.59/斤　　4.80/斤

3　次の日本語を参考に、形容詞に"（一）点儿"(yì) diǎnr をつけて形容詞の命令文をつくりましょう。

（1）ゆっくり（慢 Màn）

（2）急いで（快 Kuài）

（3）声は大きく（声音大 Shēngyīn dà）

㉒ 応用会話

日： Shīfu, xīguā zěnme mài?
师傅，西瓜 怎么 卖？

中： Liǎng kuài qián yì jīn. Bǎotián.
两 块 钱 一 斤。 保甜。

日： Zhème guì ya. Néng piányi yìdiǎnr ma?
这么 贵 呀。 能 便宜 一点儿 吗？

中： Yǐjīng piányi le. Mǎi yí ge ba!
已经 便宜 了。 买 一 个 吧！

日： Hǎo ba. Wǒ yào nèige.
好 吧。 我 要 那个。

中： Shí jīn bàn. Èrshiyī kuài.
十 斤 半。 二十一 块。

Nín gěi èrshí kuài ba.
您 给 二十 块 吧。

【师傅】熟練労働者に対する敬称
【西瓜】スイカ
【怎么卖】どんなふうに売るか；
　　　　量り売りの時の聞き方

【斤】500g
【保甜】甘さは保障する

【这么】そんなに
【能】〜できる
　　→第10課

【已经〜了】すでに〜だ
　　→第9課
【买】買う
　　→第7課
【要】ほしい
　　→第6課

第 5 課

明天我有课

基本会话

中：Tiánzhōng, míngtiān qù wǒ jiā zuòzuo ba.
　　田中，　明天　去　我　家　坐坐　吧。

日：Míngtiān wǒ yǒu kè. Shíjiǔ hào, zěnmeyàng?
　　明天　我　有　课。十九　号，怎么样？

中：Shíjiǔ hào xīngqītiān, méiwèntí.
　　十九　号　星期天，没问题。

日：Nǐ jiā zài nǎr?
　　你　家　在　哪儿？

中：Zài Dōngsānhuán.
　　在　东三环。

新出单語（生词 shēngcí）

明天　míngtiān　名　明日	号　hào　名　日
去　qù　動　行く　→走 zǒu	星期天　xīngqītiān　名　日曜日
家　jiā　名　（家族の住む）家；家族	没问题　méiwèntí　大丈夫；問題ない
坐　zuò　動　腰かける；くつろぐ	在　zài　動　〜にいる；〜にある
有　yǒu　動　持っている；ある	哪儿　nǎr　疑　どこ
课　kè　名　授業	东三环　Dōngsānhuán　名　東三環路：地名

⑤ ☆ **ポイント**（重点 zhòngdiǎn）

1 **時間詞**

几月 Jǐ yuè?	一月 yī yuè	二月 èr yuè	… 十月 shí yuè	十一月 shíyī yuè	十二月 shí'èr yuè
几号? Jǐ hào?	一号 yī hào	二号 èr hào	十九号 shíjiǔ hào	三十号 sānshí hào	三十一号 sānshiyī hào
星期几 Xīngqī jǐ?	星期一 xīngqīyī	～二 èr	三 sān	四 sì	五 wǔ　六 liù　天[日] tiān [rì]
几点 Jǐ diǎn?	一点 yì diǎn	两点 liǎng diǎn	十一点 shíyī diǎn	十二点 shí'èr diǎn	

今天　明天　昨天　否定 "不是" bú shì
Jīntiān　míngtiān　zuótiān

2 **所有・所属の "有" yǒu**　　否定 "没（有）" méi yǒu

（1）你现在有时间吗？ Nǐ xiànzài yǒu shíjiān ma?
　　－有／没有。Yǒu. / Méi yǒu.

（2）你有证件吗？ Nǐ yǒu zhèngjiàn ma?
　　－给你，这是我的护照。Gěi nǐ, zhè shì wǒ de hùzhào.

（3）你今天有课吗？ Nǐ jīntiān yǒu kè ma?
　　－有，上午两节，下午一节。Yǒu, shàngwǔ liǎng jié, xiàwǔ yì jié.

3 **存在を表す "在" zài**　　否定 "不在" bú zài

（1）洗手间在哪儿？ Xǐshǒujiān zài nǎr?　　在楼上。Zài lóushàng.

（2）你现在在哪儿？ Nǐ xiànzài zài nǎr?　　我在教室。Wǒ zài jiàoshì.

这儿 zhèr	那儿 nàr	哪儿 nǎr
（这里 zhèli	那里 nàli	哪里 nǎli）

■ 練　習 ■（练习 liànxí）

1 次の時間を組み合わせて言ってみましょう。

（例）二十号 èrshí hào　　　　　　上午 shàngwǔ ［午前］

（1）星期五 xīngqīwǔ　　　　　　中午 zhōngwǔ ［お昼］

（2）明天 míngtiān　　　　　　　下午 xiàwǔ　［午後］

（3）今天 jīntiān　　　　　　　　晚上 wǎnshang ［夜］

（4）昨天 zuótiān　　　　　　　　早上 zǎoshang ［朝］

2 次の（　）に"在"zài と"有"yǒu のうち適当なものを入れてください。

（1）你明天（　）家吗？Nǐ míngtiān（　）jiā ma?

（2）我家没（　）狗，（　）一只猫。Wǒ jiā méi（　）gǒu,（　）yì zhī māo.

（3）我今天下午没（　）课。Wǒ jīntiān xiàwǔ méi（　）kè.

3 次の日本語を中国語で言ってみましょう。

（1）あなたの誕生日（生日 shēngrì）は何月何日ですか。

（2）明日は土曜日ではありません。

（3）彼は今日授業がありますか。

（4）今日は何コマ授業がありますか。

⑤⑥ 応用会話

中： Wéi, nǐ xiànzài zài nǎr?
喂，你 现在 在 哪儿？

【喂】もし、もし
【现在】今

日： Wǒ zài gōngsī.
我 在 公司。

【公司】会社

中： Nǐ èr hào wǎnshang yǒu shíjiān ma?
你 二 号 晚上 有 时间 吗？

日： Yǒu, nǐ yǒu shénme shìr?
有，你 有 什么 事儿？

【事儿】用事

中： Zánmen yìqǐ qù chīfàn ba.
咱们 一起 去 吃饭 吧。

【一起】いっしょに
【吃饭】食事をする

日： Hǎo. Wǎnshang jǐ diǎn?
好。晚上 几 点？

【好】わかった

中： Qī diǎn bàn. Wǒ qù jiē nǐ.
七 点 半。我 去 接 你。

【七点半】七時半
【接】迎える

簡体字コーナー

问 ⇨ 丶 冂 门 门 问 问

样 [様]　　题 [題]

第 6 課
在这儿吃

■ 基本会話 ■

（中＝店员、日＝田中惠）

中：Nín shì zài zhèr chī, háishi dàizǒu?
您 是 在 这儿 吃，还是 带走？

日：Zài zhèr chī.
在 这儿 吃。

中：Nín yào shénme?
您 要 什么？

日：Wǒ yào yī hào tàocān.
我 要 一 号 套餐。

中：Hǎo, qǐng shāoděng yíxià.
好，请 稍等 一下。

新出単語（生词 shēngcí）

您 nín 代 あなた（你より丁寧）	要 yào 動 ほしい；必要である
在 zài 前 〜で（〜する）	套餐 tàocān 名 セットメニュー
这儿 zhèr 名 ここ；そこ	好 hǎo わかりました；承諾を示す
吃 chī 動 食べる	稍等 shāoděng 少し待つ
还是 háishi 接 それとも	一下 yíxià ちょっと〜
带走 dàizǒu 持って行く；テイクアウト	

⏵�59 ☆ **ポイント**（重点 zhòngdiǎn）

1 　前置詞の"在"zài　～で

（1）我在门口等你。Wǒ zài ménkǒu děng nǐ.

（2）我们在哪儿见面？Wǒmen zài nǎr jiànmiàn?

（3）我在书店打工。Wǒ zài shūdiàn dǎgōng.

2 　選択疑問文　～"还是"～　　～かそれとも～か

（1）你是中国人还是韩国人？Nǐ shì Zhōngguórén háishi Hánguórén?

（2）你喝可乐还是喝橙汁？Nǐ hē kělè háishi hē chéngzhī?

（3）你今天去还是明天去？Nǐ jīntiān qù háishi míngtiān qù?

3 　動詞＋"一下"yíxià　ちょっと～する

（1）介绍一下，这是我姐姐。Jièshào yíxià, zhè shì wǒ jiějie.

（2）我看一下，行吗？Wǒ kàn yíxià, xíng ma?

（3）我们练习一下吧。Wǒmen liànxí yíxià ba.

■ 練　習 ■（练习 liànxí）

1 "你在哪儿工作（打工）？" Nǐ zài nǎr gōngzuò (dǎgōng)?

に対し、下の職場名で答えてください。

（1）公司 gōngsī　　（2）学校 xuéxiào　　（3）机关 jīguān　　（4）银行 yínháng

（5）饭馆儿 fànguǎnr　（6）饭店 fàndiàn　（7）超市 chāoshì　（8）便利店 biànlìdiàn

（9）医院 yīyuàn　　（10）邮局 yóujú　　（11）服装店 fúzhuāngdiàn

2 下の語句を使って選択疑問文 "～还是～" を作ってみましょう。

（1）这 zhè　　是 shì　　你的 nǐ de　　她的 tā de

（2）您 nín　　要 yào　　大的 dà de　　小的 xiǎo de

（3）你 nǐ　　喜欢 xǐhuan　　红茶 hóngchá　　咖啡 kāfēi

――― 快餐店 kuàicāndiàn ―――

星巴克 Xīngbākè　　麦当劳 Màidāngláo　　肯德基 Kěndéjī　　必胜客 Bìshèngkè

応用会話

中：Tiánzhōng, nǐ diǎn cài ba.
田中，你点菜吧。

日：Wǒ bútài dǒng. Nǐ diǎn ba.
我不太懂。你点吧。

中：Nǐ xǐhuan chī huǒguō ma?
你喜欢吃火锅吗？

日：Xǐhuan. Hái xǐhuan chī jiǎozi.
喜欢。还喜欢吃饺子。

中：Nà, lái yí ge hǎixiān huǒguō,
那，来一个海鲜火锅，

yì píng píjiǔ.
一瓶啤酒。

日：Zài lái yì pánr jiǎozi ba.
再来（一）盘儿饺子吧。

【点菜】（料理を）注文する

【懂】わかる

【火锅】鍋料理

【还】それに
【饺子】ギョーザ

【海鲜】海鮮
【来】ください：注文に使う動詞

【瓶】本
【啤酒】ビール

【再】さらに
　→9課
【盘儿】皿

簡体字コーナー

带 ⇨ 一 十 卄 卅 卅 卅 带 带 带

套 ⇨ 一 亠 大 太 卒 存 存 套 套 套

第 7 課

买什么了？

▶ ⑥ ■ 基本会話 ■

中：Nǐ gāngcái qù nǎr le?
你 刚才 去 哪儿 了？

日：Wǒ qù chāoshì le.
我 去 超市 了。

中：Mǎi shénme le?
买 什么 了？

日：Wǒ mǎile yì bāo cānjīnzhǐ hé liǎng tīng Kělè.
我 买了 一 包 餐巾纸 和 两 听 可乐。

▶ ⑥ 📖 新出単語（生词 shēngcí）

刚才 gāngcái 名 さっき	餐巾纸 cānjīnzhǐ 名 ティッシュペーパー
了 le 接辞助 完了、変化を表わす	和 hé 接 〜と〜
超市 chāoshì 名 スーパー（マーケット）	听 tīng 量 カン
买 mǎi 動 買う	可乐 kělè 名 コーラ
包 bāo 量 包み：盒 hé 量 箱	

26

⑥³ ☆ **ポイント**（重点 zhòngdiǎn）

1. 完了・実現の"了₁"と変化の"了₂"

〈A〉
你吃（了₁）饭了₂吗？ Nǐ chī (le₁) fàn le₂ ma?

吃了₁₊₂。Chī le₁₊₂.

没（有）吃。Méi (you) chī. ／没有。Méiyou.

还没吃呢。Hái méi chī ne.

〈B〉
你买（了₁）什么了₂？ Nǐ mǎi (le₁) shénme le₂?

我买了₁五个苹果。Wǒ mǎile₁ wǔ ge píngguǒ.

2. ものと容器

（1）一瓶啤酒　yì píng píjiǔ

（2）一杯咖啡　yì bēi kāfēi

（3）一碗米饭　yì wǎn mǐfàn

（4）一壶茶　　yì hú chá

3. 和 hé　～と～

（1）我和你　wǒ hé nǐ

（2）日本和中国　Rìběn hé Zhōngguó

（3）爸爸、妈妈和我　bàba、māma hé wǒ

■ 練　習 ■（练习 liànxí）

1　次の問いに選択肢から語を選び、数詞とともに言ってみましょう。（　）は量詞。

你买什么了？　Nǐ mǎi shénme le?　　　我买了～和～ Wǒ mǎile ～ hé ～

（1）（本）杂志 (běn) zázhì　　　　　（2）（件）T恤衫 (jiàn) Txùshān

（3）（盒）茶叶 (hé) cháyè　　　　　（4）（条）围巾 (tiáo) wéijīn

（5）（个）桃儿 (ge) táor　　　　　　（6）（个）梨 (ge) lí

2　次の問いに答えてください。

你刚才去哪儿了？　Nǐ gāngcái qù nǎr le?　　　我去～了。

（1）医院 yīyuàn　　　　　（2）公园 gōngyuán

（3）咖啡厅 kāfēitīng　　　（4）图书馆 túshūguǎn

（5）食堂 shítáng　　　　　（6）朋友家 péngyou jiā

3　次の日本語を中国語に訳してください。

（1）わたしはお昼にタンメンを一杯食べました。
　　　　　　　（中午 zhōngwǔ　　汤面 tāngmiàn　　碗 wǎn）

（2）彼女は昨日お酒を少し飲みました。
　　　　　　　（一点儿 yìdiǎnr　　酒 jiǔ）

（3）わたしは今日たくさん買物をしました。
　　　　　　　（买东西 mǎi dōngxi　　很多 hěnduō）

応用会話

中： Nǐ zhōumò qù nǎr le?
你 周末 去 哪儿 了？

【周末】週末

日： Wǒ gēn péngyou yìqǐ qù dòngwùyuán le.
我 跟 朋友 一起 去 动物园 了。

【跟】〜と
【朋友】友だち
【动物园】動物園

中： Shì ma? Nǐ kàn xióngmāo le méiyou?
是 吗？ 你 看 熊猫 了 没有？

【是吗】そうなんですか
【熊猫】パンダ

日： Kàn le. Liǎng zhī xióngmāo chāo kě'ài.
看 了。两 只 熊猫 超 可爱。

【只】匹：動物を数える量詞
【超】超〜だ

中： Duì, duì. Wǒ yě xǐhuan tāmen.
对， 对。 我 也 喜欢 它们。

【它们】それら

日： Nà, xiàcì zánmen yìqǐ qù kàn ba.
那， 下次 咱们 一起 去 看 吧。

【下次】次回：この次

简体字コーナー

买［買］　　矿［鉱］　　动［動］

第 8 課

去前门怎么走？

■ 基本会話 ■

日： Qǐngwèn, qù Qiánmén zěnme zǒu?
请问， 去 前门 怎么 走？

中： Qiánmén lí zhèr hěn yuǎn. Nǐ dǎchē qù ba.
前门 离 这儿 很 远。 你 打车 去 吧。

日： Wǒ xiǎng zuò dìtiě qù.
我 想 坐 地铁 去。

中： Nà, cóng zhèr yìzhí zǒu, zuǒbianr yǒu ge dìtiězhàn.
那， 从 这儿 一直 走， 左边儿 有 个 地铁站。

新出単語（生词 shēngcí）

请问 qǐngwèn お尋ねします	想 xiǎng 助動 〜したい
前门 Qiánmén 名 前門；北京の地名	坐 zuò 動 座る；乗り物に乗る
怎么 zěnme 疑 どのように	地铁 dìtiě 名 地下鉄
走 zǒu 動 行く →去 qù	从 cóng 前 〜から：述語は動詞
离 lí 前 〜から：述語は远 yuǎn／近 jìn	一直 yìzhí 副 ずっと；まっすぐ
远 yuǎn 形 遠い →近 jìn	左边儿 zuǒbianr 名 左；左側
打车 dǎchē タクシーに乗る	地铁站 dìtiězhàn 名 地下鉄の駅

⑥⑦ ☆ ポイント（重点 zhòngdiǎn）

1 方位詞

	上 shàng	下 xià	前 qián	后 hòu	里 lǐ	外 wài	左 zuǒ	右 yòu
边儿 bianr	上边儿	下边儿	前边儿	后边儿	里边儿	外边儿	左边儿	右边儿
面 mian	上面	下面	前面	后面	里面	外面	左面	右面

桌子上边儿 zhuōzi shàngbianr → 桌子上 zhuōzi shang

饭店里边儿 fàndiàn lǐbianr → 饭店里 fàndiàn li

2 存在を表す"有"yǒu　　否定 "没有" méi yǒu

（1）这附近有便利店吗？ Zhè fùjìn yǒu biànlìdiàn ma?

　　－有，（便利店）在那儿。－Yǒu, (biànlìdiàn) zài nàr.

（2）冰箱里有面包和牛奶。Bīngxiāng li yǒu miànbāo hé niúnǎi.

（3）这儿有人吗？ Zhèr yǒu rén ma?

　　－没人。请坐。－Méi rén. Qǐngzuò.

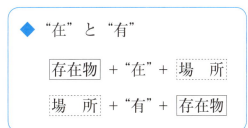

3 "离" lí と "从" cóng

〈离～很远／近〉lí ~ hěn yuǎn / jìn　　〈从～動詞〉cóng

（1）你家离这儿远吗？ Nǐ jiā lí zhèr yuǎn ma?

　　－不远，很近。Bù yuǎn, hěn jìn.

（2）你从哪儿来？ Nǐ cóng nǎr lái?

　　－从家里来。Cóng jiāli lái.

■ **練　習** ■（练习 liànxí）

1　日本語を参考に、"怎么～" zěnme ～ とつぎの語を使って言ってみましょう。

（1）この字はどう読みますか。（这个字 zhèige zì　念 niàn）

（2）あなたの名前はどう書きますか。（你的名字 nǐ de míngzi　写 xiě）

（3）中国語でどう言いますか。（汉语 Hànyǔ　说 shuō）

2　これまで習った単語を使って答えてみましょう。

（1）你想吃什么？　Nǐ xiǎng chī shénme?
　　　－我想吃～。－Wǒ xiǎng chī ～

（2）你想喝什么？　Nǐ xiǎng hē shénme?
　　　－我想喝～。－Wǒ xiǎng hē ～

（3）你想去哪儿？　Nǐ xiǎng qù nǎr?
　　　－我想去～。－Wǒ xiǎng qù ～

3　なにで行くか言ってみましょう。

　　你怎么去？　Nǐ zěnme qù?
　　－我坐地铁去。－Wǒ zuò dìtiě qù.

　　　　出租车　　　　chūzūchē
　　　　高铁　　　　　gāotiě
　　　　船　　　　　　chuán
　　　　飞机　　　　　fēijī

▶⑱ 応用会話

日： Qǐngwèn, zhè fùjìn yǒu fúzhuāngdiàn ma?
请问， 这 附近 有 服装店 吗？

中： Yǒu. Wàndá guǎngchǎng li yǒu hěn duō.
有。 万达 广场 里 有 很 多。

日： Lí zhèr yuǎn bu yuǎn?
离 这儿 远 不 远？

中： Bútài yuǎn. Qiánbianr lùkǒu wǎngzuǒ guǎi.
不太 远。 前边儿 路口 往左 拐。

日： A? Qǐng zài shuō yí biàn, hǎo ma?
啊？ 请 再 说 一 遍， 好 吗？

中： Nǐ gēn wǒ lái ba.
你 跟 我 来 吧。

【附近】近く
【服装店】洋品店；服装店
【万达广场】万達プラザ
【路口】道路の出入り口
【往左拐】左に曲がる
【请再说一遍】もう一度言ってください
【跟】あとについていく

✏ 簡体字コーナー

冂 ⇨ 丶 冂 门

离 [離]　远 [遠]　从 [從・從]　边 [邊]

第 9 課

他昨天回来得很晚

基本会話

中：Bā diǎn le, rén dōu dàoqí le ma?
八 点 了，人 都 到齐 了 吗？

日：Língmù hái méi lái ne. Tā zuótiān huílaide hěn wǎn.
铃木 还 没 来 呢。他 昨天 回来得 很 晚。

中：Gěi tā dǎ ge diànhuà ba.
给 他 打 个 电话 吧。

日：Wǒ yǐjīng dǎ le. Zánmen zài děng tā yìhuǐr ba.
我 已经 打 了。咱们 再 等 他 一会儿 吧。

新出単語（生词 shēngcí）

人	rén	名	人；人間	
都	dōu	副	全部；すべて	
到	dào	動	着く；来る；行く	
齐	qí	形	そろっている	
还	hái	副	まだ；依然として	
呢	ne	助	現在その状態にあることを強調する	
昨天	zuótiān	名	きのう	
回来	huílai	動	帰ってくる	
得	de	助	状態補語を導く助詞	
晚	wǎn	形	（時間が）遅い；→早 zǎo	
给	gěi	前	～のために；～に	
打	dǎ	動	うつ；かける	
电话	diànhuà	名	電話	
已经	yǐjīng	副	すでに；もう	
再	zài	副	さらに	
等	děng	動	待つ	
一会儿	yìhuǐr yíhuìr	名	しばらく（の間）	

⓷ ☆ ポイント（重点 zhòngdiǎn）

1. 結果補語〈(動詞＋)動詞／形容詞〉
   結果補語は動詞の後ろにあって、動作の結果を表す成分。
（1）你吃好了吗？－吃好了。Nǐ chīhǎo le ma? －Chīhǎo le.

（2）作业做完了吗？－还没呢。Zuòyè zuòwán le ma? －Hái méi ne.

（3）包子还有吗？－卖完了。Bāozi hái yǒu ma? －Màiwán le.

2. 状態補語　動詞＋"得" de ＋(副詞)＋形容詞
   状態補語は"得"によって導かれる、動詞の様態を表す成分。
（1）你昨天睡得好吗？－睡得很好。Nǐ zuótiān shuìde hǎo ma? －Shuìde hěn hǎo.

（2）你今天起得早吗？－起得不早。Nǐ jīntiān qǐde zǎo ma? －Qǐde bù zǎo.

（3）她（说）日语说得真不错。Tā (shuō) Rìyǔ shuōde zhēn búcuò.

否定　睡得晚吗？Shuìde wǎn ma? －睡得不晚。Shuìde bù wǎn.

3. 前置詞の"给" gěi　～のために；～に
（1）我给妹妹买了一件羊绒衫。Wǒ gěi mèimei mǎile yí jiàn yángróngshān.

（2）有事儿，给我发微信吧。Yǒu shìr, gěi wǒ fā wēixìn ba.

（3）我给你画个地图吧。Wǒ gěi nǐ huà ge dìtú ba.

■ 練 習 ■（练习 liànxí）

1　日本語を参考に、つぎの語を使って「動詞＋結果補語」の表現をつくりましょう。

（1）ちゃんと準備はできましたか。（准备 zhǔnbèi　好 hǎo）

（2）トイレットペーパーは使い終わりました。（卫生纸 wèishēngzhǐ　用 yòng　完 wán）

（3）わたしは今日食べすぎました。（吃 chī　多 duō）

2　日本語を参考に、つぎの語を使って状態補語の表現をつくりましょう。

（1）彼は食べるのがとてもはやい。（吃 chī　快 kuài）

（2）彼女は歩くのがとてもおそい。（走 zǒu　慢 màn）

（3）あなたはしゃべるのがとてもはやい。（说 shuō　快 kuài）

（4）彼女は歌を歌うのがとてもうまい。（唱歌儿 chànggēr　好）

3　何時にどうするか言ってみましょう。

你几点起床？　　Nǐ jǐdiǎn qǐchuáng?

　　　上课　　　　shàngkè

　　　上班　　　　shàngbān

　　　睡觉　　　　shuìjiào

　　　吃晚饭　　　chī wǎnfàn

　　我 ～ 。　Wǒ ~ .

⑫ 応用会話

日：Duìbuqǐ, wǒ láiwǎn le.
　　对不起，我 来晚 了。

中：Méiguānxi. Lùshang dǔchē le ba?
　　没关系。 路上 堵车 了 吧？

日：Duì, dǔde hěn lìhai.
　　对， 堵得 很 厉害。

中：Jièshào yíxià, zhè shì wǒ àiren.
　　介绍 一下， 这 是 我 爱人。

日：Nín hǎo! Rènshi nín, hěn gāoxìng.
　　您 好！ 认识 您， 很 高兴。

　　Zhè shì wǒ de yìdiǎnr xīnyì.
　　这 是 我 的 一点儿 心意。

中：Aiya, nǐ tài kèqi le.
　　哎呀， 你 太 客气 了。

【对不起】すみません

【没关系】大丈夫です
【路上】途中
【堵车】渋滞する
【吧】〜でしょう

【厉害】ひどい

【爱人】配偶者
【介绍】紹介する

【心意】気持ち：おみやげ

【哎呀】あれ：まあまあ

第 10 課
你听得懂吗？

■ 基本会話 ■

中：Wǒ shuō de huà, nǐ tīngdedǒng ma?
我 说 的 话，你 听得懂 吗？

日：Dàgài néng tīngdǒng. Wǒ xuéle liǎng nián Hànyǔ le.
大概 能 听懂。我 学了 两 年 汉语 了。

中：Cái xuéle liǎng nián jiù shuōde zhème hǎo, zhēn bù jiǎndān.
才 学了 两 年 就 说得 这么 好，真 不 简单。

日：Nǎli, nǎli, hái chàde yuǎn ne.
哪里，哪里，还 差得 远 呢。

新出単語（生词 shēngcí）

说 shuō 動 話す；言う	汉语 Hànyǔ 名 中国語 →汉族 Hànzú
话 huà 名 ことば	汉字 Hànzì
听 tīng 動 聞く	才～就 cái～jiù わずか～でもう～
得 de 接辞 可能を表わす	这么 zhème 指 このように
懂 dǒng 動 わかる；理解する	简单 jiǎndān 形 簡単だ →"不简单" たいしたものだ
大概 dàgài 副 だいたい	
能 néng 助動 （能力や条件が備わっていて）～できる	哪里，哪里 nǎli, nǎli いえいえ
学 xué 動 学ぶ；習う	差 chà 動 差がある

⑦ ☆ **ポイント**（重点 zhòngdiǎn）

1 動作の時間

几年 jǐ nián	一年 yì nián	两年 liǎng nián	十二年 shí'èr nián
几个月 jǐ ge yuè	一个月 yí ge yuè	两个月 liǎng ge yuè	十二个月 shí'èr ge yuè
几个星期 jǐ ge xīngqī	一个星期 yí ge xīngqī	两个星期 liǎng ge xīngqī	
几天 jǐ tiān	一天 yì tiān	两天 liǎng tiān	十二天 shí'èr tiān
几个小时 jǐ ge xiǎoshí	一个小时 yí ge xiǎoshí	两个小时 liǎng ge xiǎoshí	十二个小时 shí'èr ge xiǎoshí
几分钟 jǐ fēn zhōng	一分钟 yì fēn zhōng	两分钟 liǎng fēn zhōng	

2 動作と時間の関係

持続性動詞と変化性（瞬間）動詞

（1）你学了多长时间（了）? Nǐ xuéle duōcháng shíjiān (le)?

（2）你来（了）多长时间了? Nǐ lái (le) duōcháng shíjiān le?

目的語がある場合

（3）你学了多长时间汉语了? Nǐ xuéle duōcháng shíjiān Hànyǔ le?

（4）你来日本多长时间了? Nǐ lái Rìběn duōcháng shíjiān le?

（5）我来晚了，你等我半天了吧? Wǒ láiwǎn le, nǐ děng wǒ bàntiān le ba?

3 可能の表現　動詞＋"得" de／"不" bu ＋動詞／形容詞

能听懂 néng tīngdǒng ↘
听得懂 tīngdedǒng ↗ 听不懂 tīngbudǒng

来得了 láideliǎo　　来不了 láibuliǎo
　　　　　　　　　吃不了 chībuliǎo

■ **練　習** ■（练习 liànxí）

1. 次の問いに答えてください。

> 你在上海待了多长时间？
> Nǐ zài Shànghǎi dāile duōcháng shíjiān?

（1）二日間

（2）二週間

（3）十二年

2. 次の動詞＋結果補語の組み合わせを"能"néng と"得"de／"不"bu を使って可能（不可能）の表現にしてください。

（1）読んでわかる（看懂 kàndǒng）

（2）見える（看见 kànjian）

（3）覚える（记住 jìzhu）

（4）さがしあてる（找到 zhǎodào）

3. 次の日本語を中国語に訳してください。

（1）わたしはあなたをずいぶん待ちました。（等 děng　半天 bàntiān）

（2）わたしは中国語を半年勉強してきました。（学 xué　汉语 Hànyǔ　半年 bàn nián）

（3）わたしは香港に二日いました。（待 dāi　香港 Xiānggǎng）

（4）あなたは飛行機に何時間乗りましたか。（坐 zuò　飞机 fēijī）

⑦ 応用会話

中：Tiánzhōng, nǐ lái Zhōngguó duōcháng shíjiān le?
田中，你来中国多长时间了？

日：Yí ge duō yuè le.
一个多月了。

【多】〜余り；量詞の前か後ろにくる

中：Diànshì jiémù, nǐ kàndedǒng ma?
电视节目，你看得懂吗？

【看得懂】見てわかる
【电视节目】テレビ番組

日：Yǒude néng kàndǒng, yǒude kànbudǒng.
有的能看懂，有的看不懂。

【有的〜有的〜】あるものは〜、あるものは〜

中：Nǐ xuéle jǐ nián Hànyǔ le?
你学了几年汉语了？

日：Xuéle yì nián bàn le.
学了一年半了。

【半】半

中：Nǐ zhēn lìhai!
你真厉害！

【厉害】ひどい；すごい

✏ 簡体字コーナー

长 ⇨ ノ 一 七 长

说［説］　听［聽］　两［兩］　汉［漢］
单［單］　港［港］　节［節］

第11課

你会开车吗？

■ 基本会話 ■

中：Tiánzhōng, nǐ huì kāichē ma?
田中，你会开车吗？

日：Huì. Kěshì, wǒ méi zài Zhōngguó kāiguo.
会。可是，我没在中国开过。

中：Wèishénme?
为什么？

日：Yīnwei mǎlù shang yǒu qíchē de, wǒ bù gǎn kāi.
因为马路上有骑车的，我不敢开。

新出単語（生词 shēngcí）

会 huì 動 助動 （習い覚えて）〜できる → 能 néng, 可以 kěyǐ	因为 yīnwei 接 〜なので；なぜなら〜
开车 kāichē 車を運転する	马路上 mǎlù shang 道路（上）に
可是 kěshì 接 しかし；でも	骑车 qíchē 自転車（バイク）に乗る
过 guo 助 〜したことがある（経験）	敢 gǎn 助動 〜する勇気がある；思い切って〜する
为什么 wèishénme 疑 なぜ；どうして	

⑲ ☆ **ポイント**（重点 zhòngdiǎn）

1. 習得を表す"会"huì

（1）你会游泳吗？ Nǐ huì yóuyǒng ma?

　　　会。／不会。Huì. / Bú huì.

（2）你会说汉语吗？－会一点儿。Nǐ huì shuō Hànyǔ ma? －Huì yìdiǎnr.

（3）我不会抽烟，也不会喝酒。Wǒ bú huì chōuyān, yě bú huì hē jiǔ.

2. 経験を表す"过"〜したことがある

（1）这个词你学过吗？ Zhèige cí nǐ xuéguo ma?

　　　学过。／没（有）学过。／没有。Xuéguo. / Méi (you) xuéguo. / Méiyou.

（2）你去过北海道没有？ Nǐ qùguo Běihǎidào méiyou?

（3）这件事儿，我没听说过。Zhèi jiàn shìr, wǒ méi tīngshuōguo.

3. "因为"yīnwei　なぜなら〜；〜だからだ

（1）你为什么迟到了？ Nǐ wèishénme chídào le?

　　　－因为我起晚了。－Yīnwei wǒ qǐwǎn le.

（2）你为什么不去东北呢？ Nǐ wèishénme bú qù Dōngběi ne?

　　　－因为东北太冷了。－Yīnwei Dōngběi tài lěng le.

（3）你昨天怎么没来上课？ Nǐ zuótiān zěnme méi lái shàngkè?

　　　－因为我感冒了。－Yīnwei wǒ gǎnmào le.

■ 練　習 ■（练习 liànxí）

1　次の問いに肯定、否定形で答えてください。

你会 | 跳舞 / 打网球 / 滑雪 | 吗?　　Nǐ huì | tiàowǔ / dǎ wǎngqiú / huáxuě | ma?

会。／不会。Huì. / Bú huì.

2　日本語を参考に経験を表す文をつくってください。

（1）あなたは韓国語を勉強したことがありますか。
　　（学 xué　韩语 Hányǔ）

（2）小さいときわたしはピアノを習ったことがあります。
　　（小时候 xiǎoshíhou　学 xué　弹钢琴 tán gāngqín）

（3）わたしはこれまで北京ダックを食べたことがありません。
　　（从来 cónglái　吃 chī　北京烤鸭 Běijīng kǎoyā）

3　（1）～（4）の答えを（5）～（8）の中から選んで言ってみましょう。

（1）这件事儿，你为什么不告诉你父母?
　　Zhèi jiàn shìr, nǐ wèishénme bú gàosu nǐ fùmǔ?

（2）山本昨天为什么没来上班呢?
　　Shānběn zuótiān wèishénme méi lái shàngbān ne?

（3）你为什么不吃这个菜呀?　Nǐ wèishénme bù chī zhèige cài ya?

（4）她为什么不说话?　Tā wèishénme bù shuōhuà?

　　（5）因为他病了。Yīnwei tā bìng le.
　　（6）因为她生气了。Yīnwei tā shēngqì le.
　　（7）因为我不喜欢辣的。Yīnwei wǒ bù xǐhuan là de.
　　（8）因为这是我自己的事儿。Yīnwei zhè shì wǒ zìjǐ de shìr.

⓼⓪ 応用会話

中：Nǐ xǐhuan Zhōngguógēr ma?
你 喜欢 中国歌儿 吗？

【歌儿】歌

日：Xǐhuan shì xǐhuan, kěshì, méi xuéguo,
喜欢 是 喜欢， 可是， 没 学过，

bú huì chàng.
不 会 唱。

【～是～，可是】～は～だが、しかし

中：Nà, zhōumò wǒmen qù chàng kǎlāOK,
那， 周末 我们 去 唱 卡拉OK，

wǒ jiāo nǐ ba.
我 教 你 吧。

【卡拉OK】カラオケ

【教】教える

日：Hǎo a. Nǐ huì chàng Rìběngēr ma?
好 啊。你 会 唱 日本歌儿 吗？

中：Huì jǐ shǒu. Chàngde bù hǎo.
会 几 首。 唱得 不 好。

【首】曲：歌の量詞

日：Nà, zánmen hù jiāo hù xué ba.
那， 咱们 互 教 互 学 吧。

【互教互学】互いに教えあい学びあう

中：Tài hǎo le!
太 好 了！

第12課

你要是不怕冷，就去哈尔滨吧

■ 基本会話 ■

日：Wǒ dǎsuàn chūqu lǚyóu. Nǐ shuō qù nǎr hǎo?
　　我 打算 出去 旅游。 你 说 去 哪儿 好？

中：Nǐ yàoshi bú pà lěng, jiù qù Hā'ěrbīn ba.
　　你 要是 不 怕 冷， 就 去 哈尔滨 吧。

日：Nàr tài lěng le ba?
　　那儿 太 冷 了 吧？

中：Ng, bǐ zhèr lěng duōle.
　　嗯， 比 这儿 冷 多了。

　　Búguò, nǐ kěyǐ duō dài diǎnr yīfu.
　　不过， 你 可以 多 带 点儿 衣服。

新出単語（生词 shēngcí）

打算 dǎsuàn	助動 ～するつもりだ	哈尔滨 Hā'ěrbīn	名 ハルビン
出去 chūqu	出て行く	比 bǐ	前 ～よりも；～に比べて
旅游 lǚyóu	動 旅行する	多了 duōle	ずっと～だ；ずっと～になる
你说 nǐ shuō	動 言って；意見を聞く時	不过 búguò	接 でも
要是 yàoshi	接 もし～なら	可以 kěyǐ	助動 ～してよい；～できる；
怕 pà	動 恐れる；心配する		～するとよい
冷 lěng	形 寒い →热 rè 暑い	带 dài	動 持つ；携帯する
就 jiù	副 ～なら；それなら～	衣服 yīfu	名 服

⚫㊳　☆　ポイント（重点 zhòngdiǎn）

1　"可以" kěyǐ

①〜してよい　②（条件があって）〜できる　③〜するとよい

（1）老师，我可以问您一个问题吗？ Lǎoshī, wǒ kěyǐ wèn nín yí ge wèntí ma?

（2）你们过来，从这儿可以看到富士山。
　　 Nǐmen guòlai, cóng zhèr kěyǐ kàndào Fùshìshān.

（3）吃不了可以打包带走。Chībuliǎo kěyǐ dǎbāo dàizǒu.

（4）这本书很好，你可以网购，很便宜。
　　 Zhèi běn shū hěn hǎo, nǐ kěyǐ wǎnggòu, hěn piányi.

2　"要是〜（就）" yàoshi ~ (jiù)　もし〜なら〜

（1）要是明天天气好，我就出去玩儿。
　　 Yàoshi míngtiān tiānqì hǎo, wǒ jiù chūqu wánr.

（2）你要是不想去，就别去了。Nǐ yàoshi bù xiǎng qù, jiù bié qù le.

（3）要是咱们能一起去多好啊。Yàoshi zánmen néng yìqǐ qù duō hǎo a.

3　"比" bǐ ~ 形容詞　〜より〜だ

（1）今天比昨天热。Jīntiān bǐ zuótiān rè.

（2）今天比昨天热一点儿。Jīntiān bǐ zuótiān rè yìdiǎnr.

（3）今天比昨天热多了。／热得多。Jīntiān bǐ zuótiān rè duōle. / rè deduō.

否定　今天没有昨天热。Jīntiān méi yǒu zuótiān rè.

47

■ **練　習** ■（练习 liànxí）

1　"打算" dǎsuàn と（　）の中の語を使って、日本語を中国語に訳しなさい。

（1）わたしは夏休みにパリへ行くつもりだ。（暑假 shǔjià　我 wǒ　巴黎 Bālí　去 qù）

（2）あなたはいつ留学に行くつもりですか。
　　（你 nǐ　什么时候 shénme shíhou　留学 liúxué　去 qù）

（3）あなたは今後どうするつもりですか。（你 nǐ　以后 yǐhòu　怎么办 zěnme bàn）

2　主語をいれかえ、肯定・否定の比較の文（"～比 bǐ ～""没有" méi yǒu）をつくりましょう。

（1）（这个 zhèige　那个 nèige　贵 guì）

（2）（她 tā　我 wǒ　大 dà）

（3）（今天 jīntiān　昨天 zuótiān　暖和 nuǎnhuo）

（4）（今年 jīnnián　去年 qùnián　凉快 liángkuai）

3　次の語を使って言ってみましょう。

（1）たくさん食べてください。（多 duō ～点儿 diǎnr）

（2）たくさんお湯を飲みなさい。（喝 hē　水 shuǐ　多～点儿）

（3）この靴を穿いてみてもいいですか。（这双鞋 zhèi shuāng xié　试 shì）

（4）もしあなたが行くなら、わたしは行くのをやめます。（不～了）

応用会話

日： Zhèi jiàn T-xù zhēn hǎokàn.
　　这　件　T恤　真　好看。

　　Qǐngwèn, néng dǎzhé ma?
　　请问，　能　打折　吗？

中： Nín yàoshi mǎi liǎng jiàn, kěyǐ dǎ bā zhé.
　　您　要是　买　两　件，　可以　打　八　折。

日： Ràng wǒ xiǎngxiang. Ng, hǎo ba.
　　让　我　想想。　嗯，好　吧。

　　Néng shìshi ma?
　　能　试试　吗？

中： Dāngrán kěyǐ. Shìyījiān zài nàr.
　　当然　可以。　试衣间　在　那儿。

日： Zhèi jiàn yǒudiǎnr dà. Yǒu xiǎo diǎnr de ma?
　　这　件　有点儿　大。　有　小　点儿　的　吗？

中： Yǒu. Zhèi jiàn yídìng héshì.
　　有。　这　件　一定　合适。

　　Nín zài shìshi.
　　您　再　试试。

【T恤】Tシャツ【T恤衫】Txùshān とも

【打八折】8掛けにする

【让】〜させる
【想】考える

【试】試す

【当然】もちろん
【试衣间】試着室

【有点儿】（否定的なニュアンスで）ちょっと〜

【一定】きっと
【合适】ぴったりだ

49

第13課

你是什么时候丢的？

■ 基本会话 ■

中：Éi, Tiánzhōng, nǐ yǐjīng huílai le? Zhǎo shénme ne?
　　唉，田中，你已经回来了？找什么呢？

日：Wǒ gāng huílai. Yàoshi bú jiàn le.
　　我刚回来。钥匙不见了。

中：Nǐ shì shénme shíhou diū de? Zài nǎr diū de?
　　你是什么时候丢的？在哪儿丢的？

日：Wǒ yě jìbuqīngchu le. Nǐ bāng wǒ zhǎozhao.
　　我也记不清楚了。你帮我找找。

中：Éi, zhè bú shì ma?
　　唉，这不是吗？

新出単語（生词 shēngcí）

回来 huílai 動 帰ってくる	丢 diū 動 なくす
找 zhǎo 動 探す	记 jì 動 記憶する；覚える
刚 gāng 副 〜したところだ	清楚 qīngchu 形 はっきりしている
钥匙 yàoshi 名 鍵；キー	帮 bāng 動 手伝う；助ける
不见了 bú jiàn le 見あたらない	不是〜吗 bú shì 〜 ma 〜ではないか：反
什么时候 shénme shíhou 疑 いつ	語の言い方

⑧�７ ☆ **ポイント**（重点 zhòngdiǎn）

1 "是～的"構文　　否定　不是

　　動作の有無よりも、「いつ、どこで、どうやって」等に焦点があるときの文型。

（1）你什么时候来？ Nǐ shénme shíhou lái?

　　 你（是）什么时候来的？ Nǐ (shì) shénme shíhou lái de?

（2）你在哪儿学？ Nǐ zài nǎr xué?

　　 你（是）在哪儿学的？ Nǐ (shì) zài nǎr xué de?

（3）你怎么去？ Nǐ zěnme qù?

　　 你（是）怎么去的？ Nǐ (shì) zěnme qù de?

2 進行の表現 "（在）～呢"

（1）他干什么呢？－网聊呢。Tā gàn shénme ne?－Wǎngliáo ne.

（2）你在想什么呢？－没想什么。Nǐ zài xiǎng shénme ne?－Méi xiǎng shénme.

（3）你来得正好，我正想找你呢。Nǐ láide zhèng hǎo, wǒ zhèng xiǎng zhǎo nǐ ne.

3 単純方向補語

	上 shàng	下 xià	进 jìn	出 chū	回 huí	过 guò	起 qǐ
来 lai	○	○	○	○	○	○	○
去 qu	○	○	○	○	○	○	×

（1）这个你给她送去吧。Zhèige nǐ gěi tā sòngqu ba.

（2）王玲，你帮我买一个冰激凌来。
　　 Wáng Líng, nǐ bāng wǒ mǎi yí ge bīngjīlíng lai.

（3）爸爸给我买来了一个生日蛋糕。Bàba gěi wǒ mǎilaile yí ge shēngrì dàngāo.

■ 練 習 ■（练习 liànxí）

1 日本語を参考に、次の動詞を使って進行の表現（"在～呢" zài～ne）をつくってみましょう。

（1）あなたはなにを見ているのですか。（看 kàn）

（2）かれらは授業中です。（上课 shàngkè）

（3）かれは寝ているところです。（睡觉 shuìjiào）

2 "请帮我照张相，好吗?" Qǐng bāng wǒ (zhào zhāng xiàng), hǎo ma? の下線部をつぎの語句に置き換えて言ってみましょう。

（1）翻译一下 fānyì yíxià

（2）问一下 wèn yíxià

（3）拿一下行李 ná yíxià xíngli

3 次の日本語を"是～的"の構文を使って言ってみましょう。

（1）あなたはいつ帰ってきたのですか。（回来 huílai）

（2）あなたはどこで買ったのですか。（买 mǎi）

（3）あなたはどこから来たのですか。（从 cóng）

（4）あなたはどんなふうに勉強したのですか。（学 xué）

（5）あなたはどこで生まれたのですか。（出生 chūshēng）

応用会話

日：Xiǎo Liú, zánmen shàngqu kànkan ba.
小 刘，咱们 上去 看看 吧。

中：Hǎo a. Zhèr de fēngjǐng zhēn měi ya!
好 啊。… 这儿 的 风景 真 美 呀！

【风景】景色
【美】きれいだ

日：Zài zhèr zhào zhāng xiàng, zěnmeyàng?
在 这儿 照 张 相，怎么样？

【照相】写真を撮る
【张】枚

中：Hǎo jíle. Nǐ zhànhǎo, wǒ lái zhào.
好 极了。你 站好，我 来 照。

【好极了】とってもすばらしい
【站好】ちゃんと立つ
【来】積極性を表わす

日：Bù. Wǒ xiǎng gēn nǐ yìqǐ zhào.
不。我 想 跟 你 一起 照。

中：Méiwèntí. Měinǚ, bāng wǒmen zhào zhāng xiàng ba.
没问题。美女，帮 我们 照 张 相 吧。

【美女】お嬢さん：呼びかけの語

荒川清秀（あらかわ　きよひで）
張　筱平（Zhāng　Xiǎo Píng）
上野由紀子（うえの　ゆきこ）

Ⓒ 新訂・シンプルに中国語

| 2009年2月1日　初版発行 | **定価 本体 2300 円**(税別) |

2016年4月1日　新訂初版発行
2025年2月1日　新訂5版発行

著　者　　荒　川　清　秀
　　　　　張　　筱　　平
　　　　　上　野　由紀子

発行者　　近　藤　孝　夫
印刷所　　株式会社　坂田一真堂

発行所　　株式会社　同　学　社
〒112-0005 東京都文京区水道 1-10-7
電話 03(3816)7011(代)　振替 00150-7-166920

ISBN 978-4-8102-0781-1　組版 倉敷印刷
Printed in Japan

許可なく複製・転載すること並びに
部分的にもコピーすることを禁じます。

中国語音節表

		韻母	1	2	3	4	5	6	7	8	9	10	11	12
		声母	\multicolumn{12}{c}{介音なし}											
			a	o	e	ai	ei	ao	ou	an	en	ang	eng	ong
	ア	ゼロ	a	o	e	ai	ei	ao	ou	an	en	ang	eng	
無気	イ	b	ba	bo		bai	bei	bao		ban	ben	bang	beng	
有気	ウ	p	pa	po		pai	pei	pao	pou	pan	pen	pang	peng	
	エ	m	ma	mo	me	mai	mei	mao	mou	man	men	mang	meng	
	オ	f	fa	fo			fei		fou	fan	fen	fang	feng	
無気	カ	d	da		de	dai	dei	dao	dou	dan	den	dang	deng	dong
有気	キ	t	ta		te	tai		tao	tou	tan		tang	teng	tong
	ク	n	na		ne	nai	nei	nao	nou	nan	nen	nang	neng	nong
	ケ	l	la		le	lai	lei	lao	lou	lan		lang	leng	long
無気	コ	g	ga		ge	gai	gei	gao	gou	gan	gen	gang	geng	gong
有気	サ	k	ka		ke	kai	kei	kao	kou	kan	ken	kang	keng	kong
	シ	h	ha		he	hai	hei	hao	hou	han	hen	hang	heng	hong
無気	ス	j												
有気	セ	q												
	ソ	x												
無気	タ	zh	zha		zhe	zhai	zhei	zhao	zhou	zhan	zhen	zhang	zheng	zhong
有気	チ	ch	cha		che	chai		chao	chou	chan	chen	chang	cheng	chong
	ツ	sh	sha		she	shai	shei	shao	shou	shan	shen	shang	sheng	
	テ	r			re			rao	rou	ran	ren	rang	reng	rong
無気	ト	z	za		ze	zai	zei	zao	zou	zan	zen	zang	zeng	zong
有気	ナ	c	ca		ce	cai		cao	cou	can	cen	cang	ceng	cong
	ニ	s	sa		se	sai		sao	sou	san	sen	sang	seng	song

あいまい e　　平口オン　　まる口オン

13	14	15	16	17	18	19	20	21	22	23	24	25	26
						介 音	i 始 発	型					
	i		ia	ie	iao	iou-iu	ian	in	iang	ing	iong	u	ua
		yi	ya	ye	yao	you	yan	yin	yang	ying	yong	wu	wa
			bi		bie	biao		bian	bin		bing		bu	
			pi		pie	piao		pian	pin		ping		pu	
			mi		mie	miao	miu	mian	min		ming		mu	
												fu	
			di		die	diao	diu	dian			ding		du	
			ti		tie	tiao		tian			ting		tu	
			ni		nie	niao	niu	nian	nin	niang	ning		nu	
			li	lia	lie	liao	liu	lian	lin	liang	ling		lu	
												gu	gua
												ku	kua
												hu	hua
			ji	jia	jie	jiao	jiu	jian	jin	jiang	jing	jiong		
			qi	qia	qie	qiao	qiu	qian	qin	qiang	qing	qiong		
			xi	xia	xie	xiao	xiu	xian	xin	xiang	xing	xiong		
		zhi										zhu	zhua
		chi										chu	
		shi										shu	shua
		ri										ru	rua
zi												zu	
ci												cu	
si												su	

平たいウ

3・4声 oをいれて

イエン

まるいウ

27	28	29	30	31	32	33	34	35	36	37	
介 音 u 始 発 型							介 音 ü				
uo	uai	uei-ui	uan	uen-un	uang	ueng	ü	üe	üan	ün	
wo	wai	wei	wan	wen	wang	weng	yu	yue	yuan	yun	ア
											イ
											ウ
											エ
											オ
duo		dui	duan	dun							カ
tuo		tui	tuan	tun							キ
nuo			nuan				nü	nüe			ク
luo			luan	lun			lü	lüe			ケ
guo	guai	gui	guan	gun	guang						コ
kuo	kuai	kui	kuan	kun	kuang						サ
huo	huai	hui	huan	hun	huang						シ
							ju	jue	juan	jun	ス
							qu	que	quan	qun	セ
							xu	xue	xuan	xun	ソ
zhuo	zhuai	zhui	zhuan	zhun	zhuang						タ
chuo	chuai	chui	chuan	chun	chuang						チ
shuo	shuai	shui	shuan	shun	shuang						ツ
ruo		rui	ruan	run							テ
zuo		zui	zuan	zun							ト
cuo		cui	cuan	cun							ナ
suo		sui	suan	sun							ニ

3・4声 eをいれて

はさむ 小さいeを

uは‥つけてよむ

新訂・シンプルに中国語